Der Arena LeseStier
Sachgeschichten für Erstleser

Uschi Flacke
ist Kabarettistin, Musikerin und Autorin. Sie war schon oft in Spielfilmen und Shows, Musicals und Revuen zu sehen. Ganz früher war sie auch mal in der ZDF-Hitparade. Danach hat sie studiert und wollte die Welt kennen lernen. Sie schreibt viel für Kinder, Sachbücher, Krimis, Romane, Musicals und auch für die "Sendung mit der Maus". Sie lebt mit ihrem Sohn Kristian und Hund Willi in der Villa Kunterbunt in Rod am Berg.

Annette Fienieg
wurde 1959 geboren. Sie studierte an der Akademie für Bildene Künste in Utrecht. Seit 1986 illustriert sie Kinderbücher und zeichnet für Zeitschriften.

Uschi Flacke

Das will ich wissen

Wie ein Baby entsteht

Ein Aufklärungsbuch

Mit Bildern von Annette Fienieg

Arena

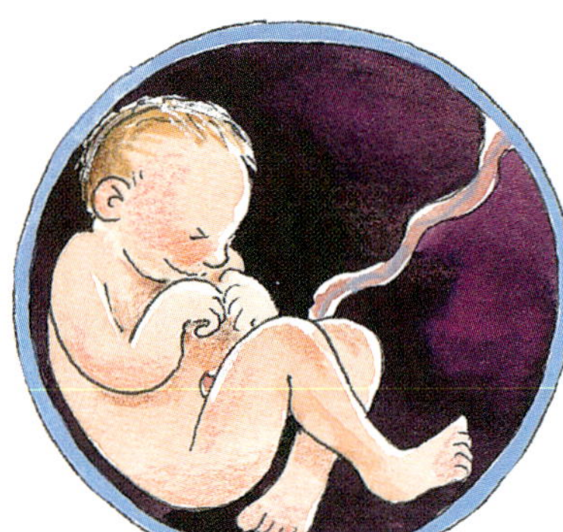

In neuer Rechtschreibung

1. Auflage 1999

Einband und Illustrationen: Annette Fienieg

Gesamtherstellung: Westermann Druck Zwickau GmbH

ISBN: 3-401-04645-4

Inhalt

Mama kriegt ein Baby
Geschichte Seite 6

In der Gebärmutter
ausklappbarer Bildteil Seite 14

Die Geschlechtsteile Seite 20

Die Befruchtung Seite 24

Die Nabelschnur Seite 28

Die Fruchtblase Seite 30

Das Baby wächst Seite 32

Bei der Frauenärztin Seite 36

Die letzten drei Monate Seite 38

Pünktchen kommt zur Welt Seite 40

Mein Baby-Buch
Beschäftigungstipp Seite 48

Mama kriegt ein Baby

Es ist Sommer.
Die Sonne brennt heiß vom Himmel.
Im Garten von Familie Hasse
ist ein kleines Planschbecken aufgebaut.
Mascha hüpft auf einem Bein
durch das Gras und singt:
»Mama kriegt ein Baby!
Meine Mama kriegt ein Baby!«
Ihr kleiner Bruder Bastian
sitzt im Planschbecken.
»Ich will einen Bruder haben«,
kräht er.

»Schwestern sind doof!«
Er bespritzt Mascha
mit einer Wasserpistole.
Mascha quiekt laut:
»Brüder sind noch viel doofer!«

Mama sitzt auf der Gartenbank
und lacht.
Sie breitet auf dem Tisch
einige Fotos aus.
»Hallo, ihr beiden«, ruft sie.
»Schaut mal, was ich hier habe.«
Neugierig kommen
Mascha und Bastian angelaufen.
»Das sind ja alles Babys«,
ruft Mascha erstaunt.

Bastian nimmt ein Bild in die Hand.
»Wer ist denn das?«,
fragt er neugierig.
»Das ist Oma«, sagt Mama.
»Was? Oma war auch mal ein Baby?«
Bastian guckt seine Mama
mit großen Augen an.
»Natürlich«, stöhnt Mascha.
»Jeder war mal ein Baby.
Auch Tante Else und Uropa Anton.«
»Peter sagt, dass Babys stinken
und immer schreien«,
sagt Bastian.

»Das stimmt ja gar nicht!«,
antwortet Mascha wütend.
»Wenn du was in der Hose hast,
stinkst du auch.
Dann muss man das Baby
eben sauber machen.«
»Ich aber nicht!«, schreit Bastian.
»Siehst du!
Du schreist ja noch viel lauter
als ein Baby«,
grinst Mascha.

Papa antwortet:
»Es schläft viel ...«
»... und schreit viel«, ergänzt Bastian.
»Ja, wenn es Hunger hat«, meint Papa.
»Oder Luft im Bauch.
Oder wenn es ihm zu kalt ist.
Es kann ja noch nicht reden.«
»Und woher weiß man,
was es hat?«, fragt Mascha.
»Tja«, meint der Vater
und kratzt sich am Kopf.
»Jedes Baby ist anders,
das werden wir schon noch lernen.«
»Aber wie kommt so ein Baby
eigentlich in den Bauch?«,
fragt Mascha plötzlich.

»Nur Frauen kriegen Babys«,
sagt die Mutter.
»Schaut euch doch mal an.
Was ist bei Jungens anders
als bei Mädchen?«
Bastian schaut an sich runter.
»Ich habe ein Pimmelchen.
Und darunter hängt ein kleiner Beutel
mit zwei Kügelchen drin.«
»Und ich habe eine Scheide«,
sagt Mascha.
»Und wenn ich älter werde,
kriege ich einen Busen.
Wie die Mama.«
»Da kannst du aber
noch lange warten!«,
kichert Bastian.
»Und du weißt ja noch gar nicht,
wozu der Busen da ist!«,
grinst Mascha.

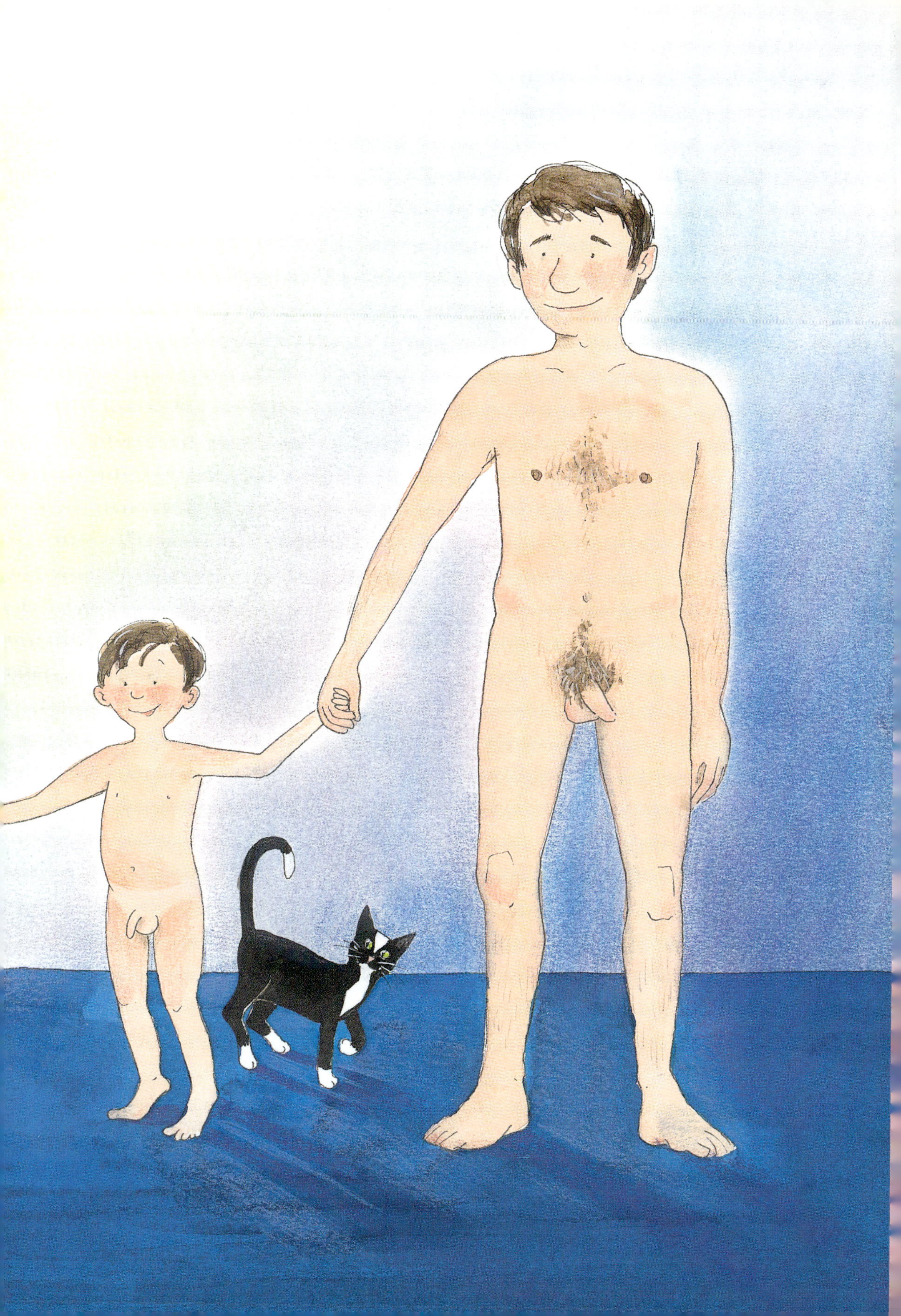

Die Geschlechtsteile

Der Mann hat einen Penis.
Darunter hängt ein Beutel,
darin sind zwei Kugeln.
Die nennt man Hoden.
In den Hoden gibt es
Millionen von Samenzellen.

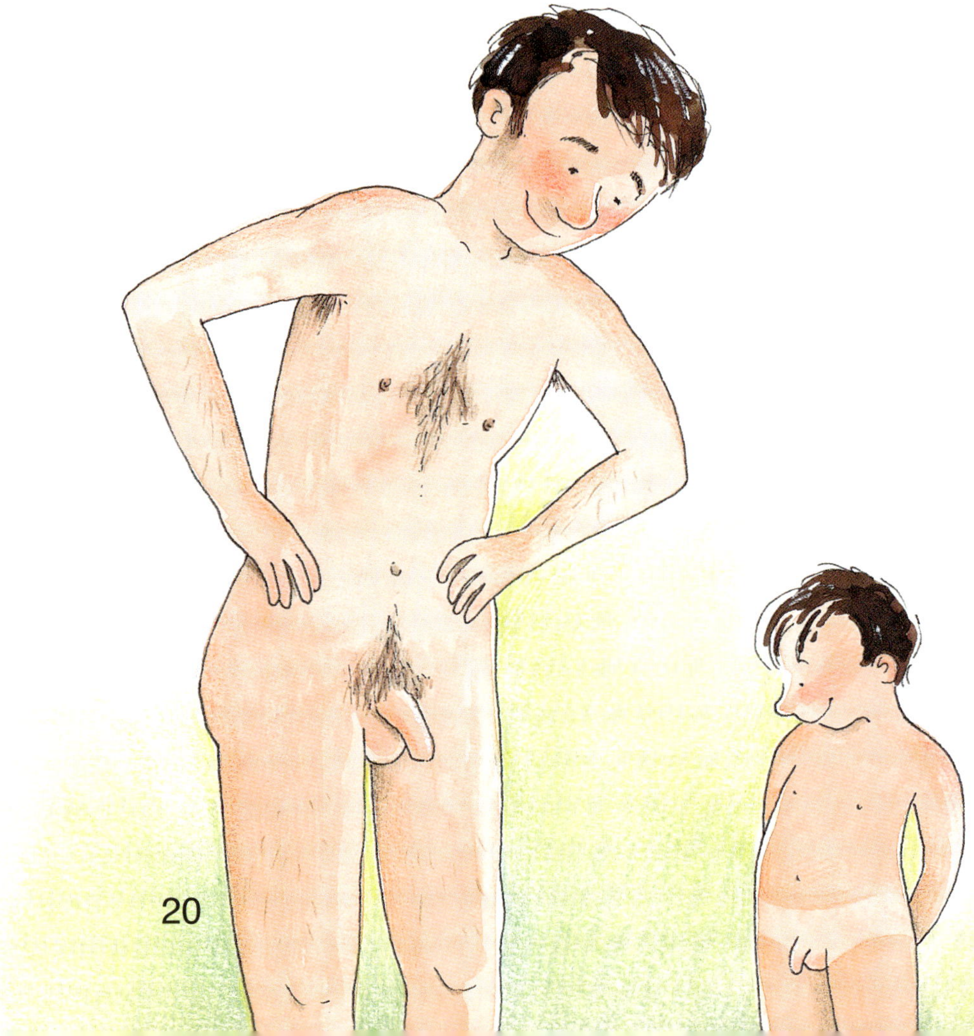

Die sind so winzig,
dass man sie nur
mit einem riesigen Vergrößerungsgerät,
einem Mikroskop,
sehen kann.
Die Samen können schwimmen.
Das Pipi kommt aus der Blase
und die Samen aus dem Hoden.

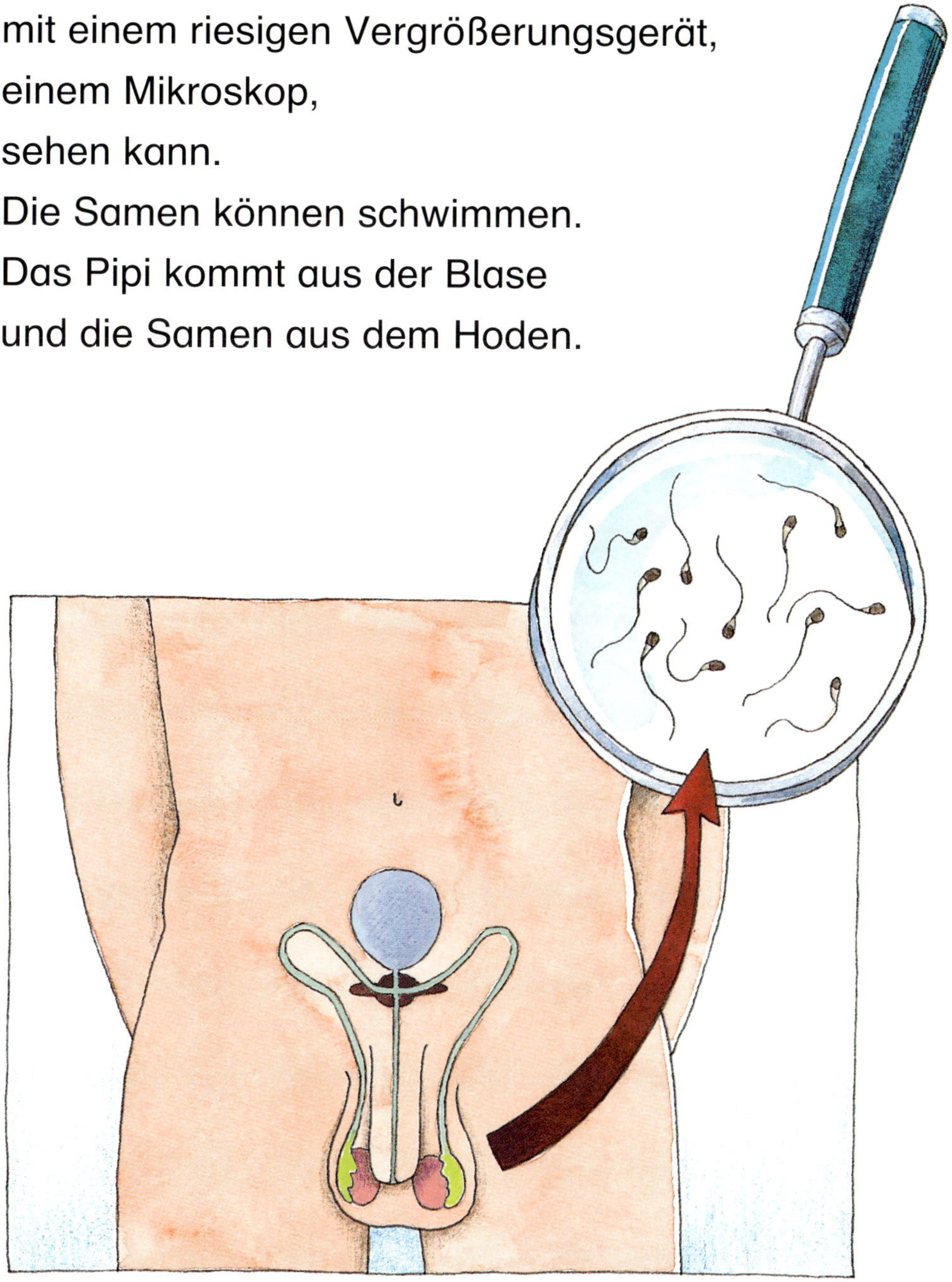

Die Frau hat eine Scheide und
außerdem ein kleines Loch für das Pipi.
Da endet die Harnröhre.
Eine andere, breitere Öffnung
führt durch einen Gang
in eine richtige Höhle.
Das ist die Gebärmutter.

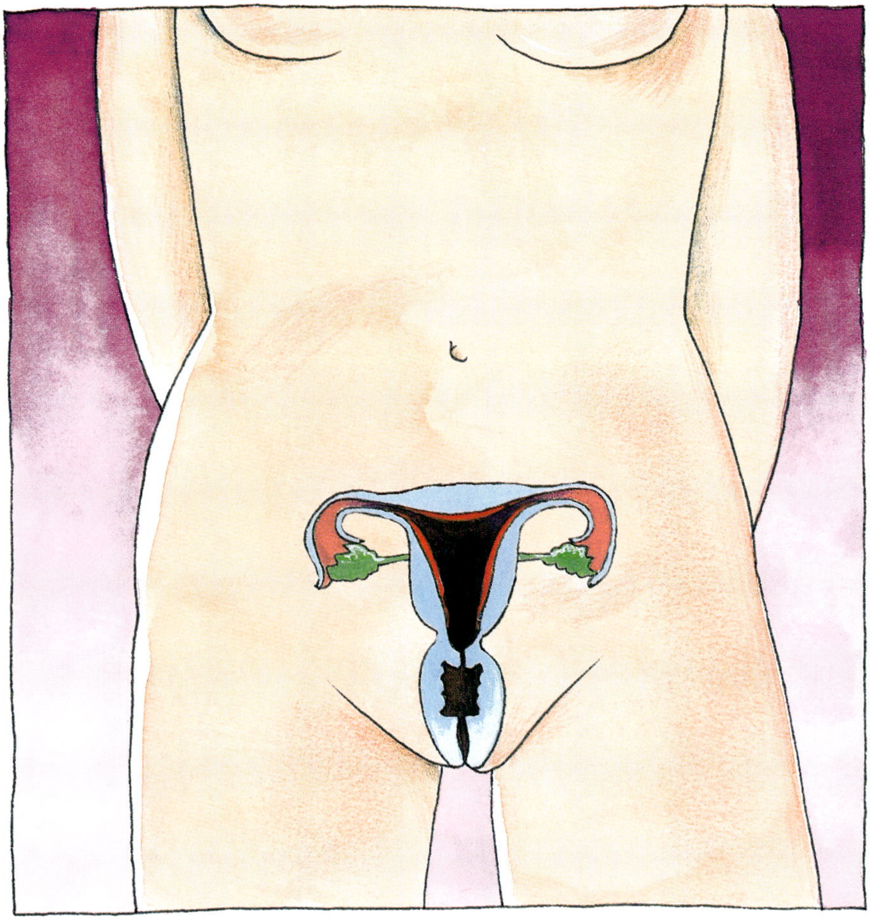

Daneben gibt es zwei Eierstöcke
mit vielen Eizellen.
Von dort wandert einmal
im Monat ein Ei in den Eileiter.
Der Eileiter führt zur Gebärmutter.

Die Frau hat auch Brüste.
Da ist Platz für die Milch,
die das Baby trinkt,
wenn es auf der Welt ist.

Die Befruchtung

Wenn Mama und Papa
sich ganz lieb haben,
dann kuscheln sie miteinander.
Papas Penis wird dann ganz hart
und schiebt sich
in die Scheide von Mama.
Das ist ein schönes Gefühl.
Die Samenzellen schwimmen
aus dem Penis
den Scheidengang hoch
in die Gebärmutter.
Sie wollen zur Eizelle.

Es gibt Jungensamenzellen
und Mädchensamenzellen.
Alle schwimmen zur Eizelle.
Das ist wie ein Wettrennen.
Der Samen, der zuerst da ist,
bohrt sich in die Eizelle.
Mehr lässt die Eizelle nicht rein.
Wenn die Eizelle und die Samenzelle
miteinander verschmelzen,
entsteht eine winzige neue Zelle.
Das nennt man Befruchtung.

Diese winzige Zelle
ist kleiner als ein Punkt.
Sie wandert
in die Gebärmutter
und nistet sich dort ein.
Daraus wächst das Baby.
Wenn doch mal zwei Samenzellen
in die Eizelle gelangen,
dann werden das Zwillinge.

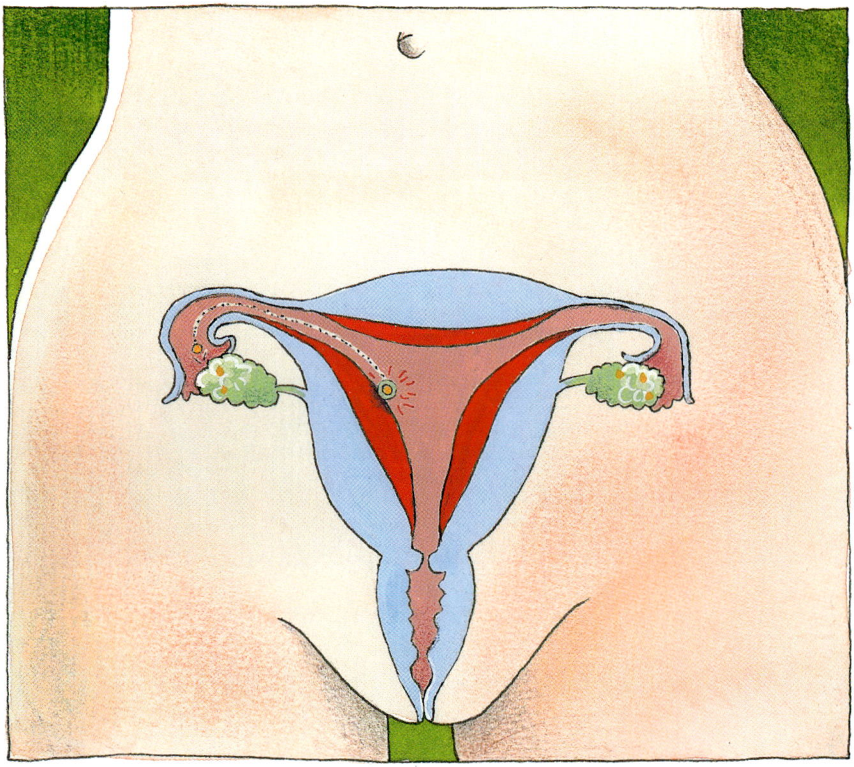

»Wer wohl diesmal
das Wettrennen gewonnen hat?«,
fragt Mascha.
»Bei mir hat
die Jungensamenzelle gewonnen!«,
jubelt Bastian.
»Hurra! Ich war Erster,
als ich noch ganz winzig war!«
»Ja«, lacht Mama.
»Wir waren alle mal
so klein wie ein Punkt.«
Mascha springt auf.
»Ich habe eine Idee:
Unser Baby soll
schon einen Namen haben.
Wir nennen es Pünktchen.«

Die Nabelschnur

Im Bauch hängt das Baby
an einer Nabelschnur.
Die kann über einen Meter lang werden.
Dadurch ist es mit der Mutter verbunden.
Wie ein Astronaut
mit dem Raumschiff.
Die Nabelschnur führt
zum Mutterkuchen.
Das ist eine Art Vorratskammer.
Durch die Nabelschnur
bekommt das Baby alles,
was es zum Wachsen braucht.

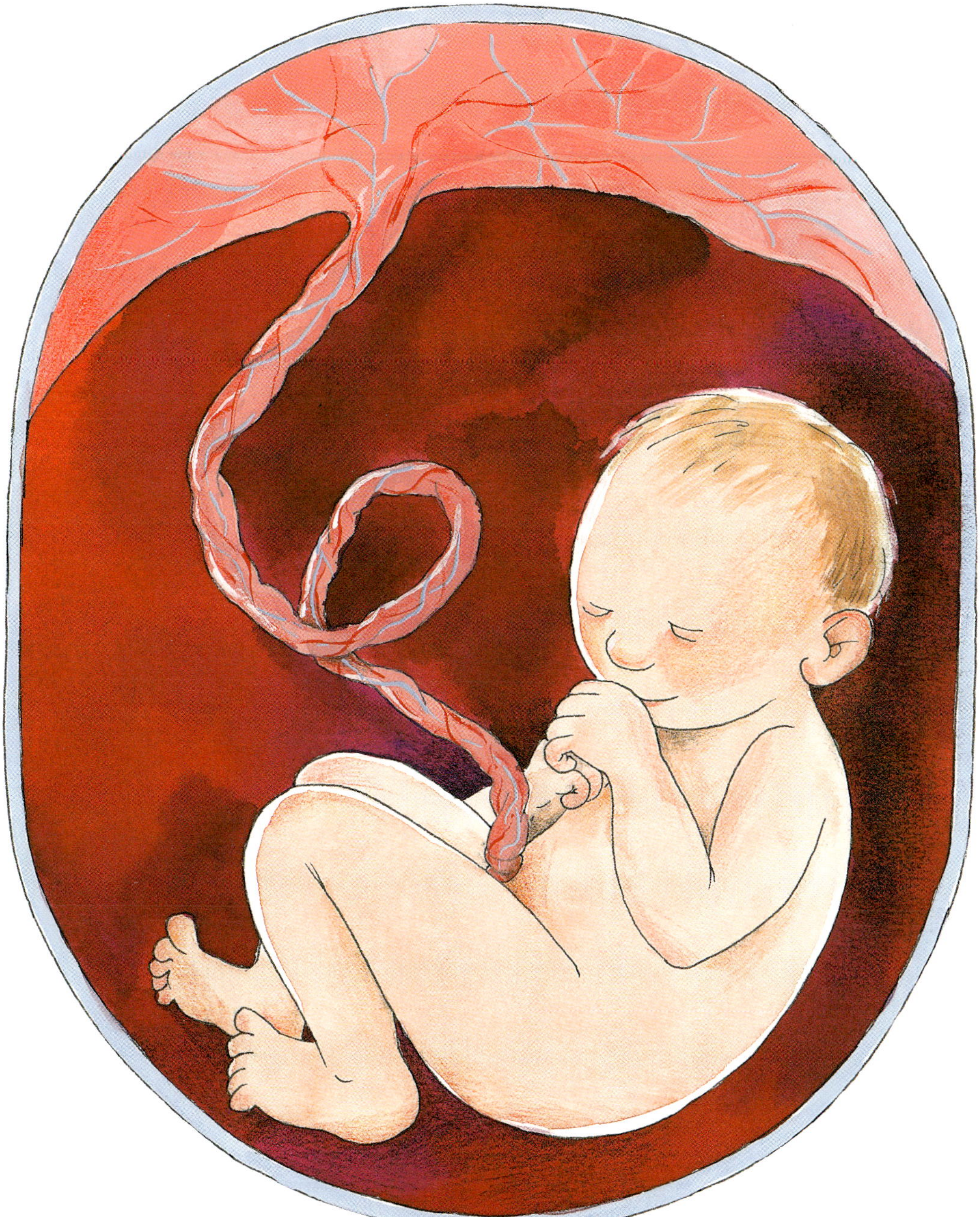

Die Fruchtblase

In der Gebärmutter wächst
um das werdende Kind eine Blase.
Sie wird Fruchtblase genannt.
Sie ist mit Flüssigkeit gefüllt,
der Fruchtflüssigkeit.
Das Wasser ist ganz süß
und wird immer wieder erneuert.
So kann die zarte Haut des Babys
nicht austrocknen.

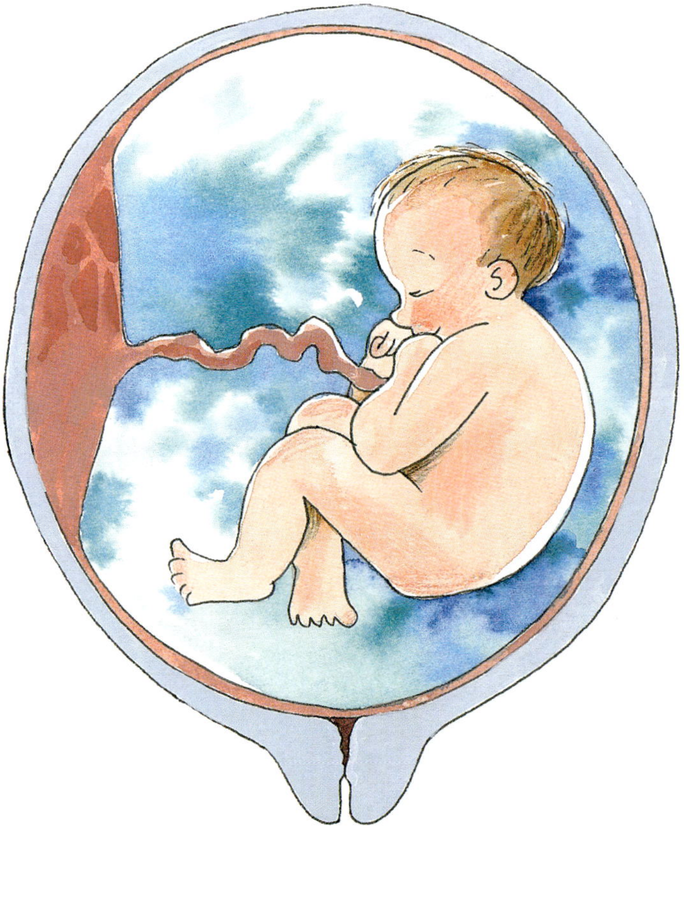

Die Fruchtblase schützt das Kind
vor Erschütterungen und Stößen.
In dieser Flüssigkeit
schwimmt das Baby bis zur Geburt.
Wenn ein Baby zur Welt kommt,
kann es deshalb
sofort unter Wasser schwimmen.
Das verlernt es später aber wieder.

Das Baby wächst

Wenn das Baby sechs Wochen alt ist,
ist es so klein,
dass es in eine Walnuss passt.
Es wiegt etwa ein Gramm.
Aber es sieht schon fast so aus
wie ein erwachsener Mensch.
Es hat Augen, Ohren, Lippen,
eine Nase und eine Zunge.
Die Arme haben Hände
mit Fingern und Daumen.
Sein Herz schlägt schon längst.
Alle Organe sind ausgebildet.

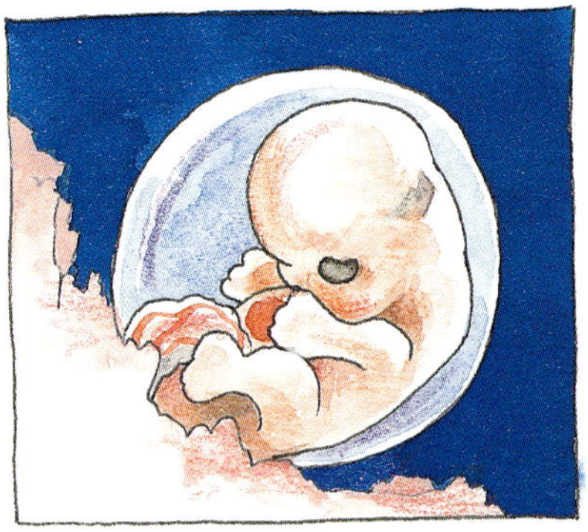

»Wahnsinn«, brüllt Bastian.
»Das gibt es ja gar nicht.«
Er kramt in seinen Spielsachen
und holt eine halbe Walnussschale.
»Da habe ich mal reingepasst«,
verkündet er stolz.
»Als ich sechs Wochen alt war.«
Der Vater nimmt Bastian in den Arm.
»Ja, und unser Pünktchen
konnte damals schon kräftig
im Fruchtwasser herumstrampeln.
Genau wie du und Mascha auch.«

Wenn das Baby drei Monate alt ist,
kann es die Finger und Zehen bewegen,
die Stirn runzeln und sogar schielen.
Auf den Fingerspitzen hat es
winzig kleine Fingernägel.
Die sind aber noch sehr weich.
Es trinkt auch viel
von dem Fruchtwasser,
damit die Organe lernen zu arbeiten.
Dabei kann es nicht ertrinken,
weil es ja durch die Nabelschnur
versorgt wird.
Es macht auch schon Pipi,
aber das ist völlig sauber
und riecht nicht.

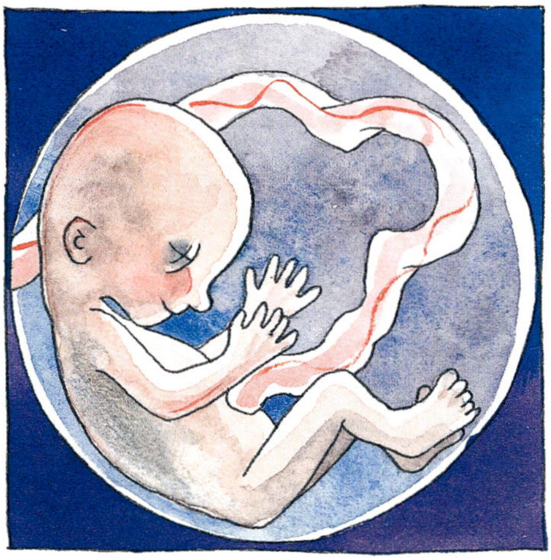

»Oje, Pünktchen ist aufgewacht.«
Die Mutter reibt sich ihren Bauch.
»Was ist denn los?«, ruft Mascha.
»Na, fühlt doch selbst mal!«
Bastian und Mascha
streichen über den dicken Bauch.
»Wie alt ist Pünktchen jetzt eigentlich?«,
fragt Bastian.
»Genau fünf Monate«, antwortet Papa.
»Und wie lang bleibt es noch drin?«
»Nur noch vier Monate.«
Mascha kriegt ganz große Augen.
»Pünktchen hat mich getreten.
Die hat vielleicht eine Kraft!«
Der Vater stutzt: »Wieso DIE?«
»Na, ich will doch eine Schwester!«,
grinst Mascha.

Bei der Frauenärztin

Heute Nachmittag muss Frau Hasse
zur Frauenärztin.
Frau Dr. Sommer will sehen,
ob mit Pünktchen
alles in Ordnung ist.
Mascha und Bastian dürfen mit.
Auf einem Bildschirm
kann die Ärztin erkennen,
ob Pünktchen richtig gewachsen ist.
Dieses Gerät nennt man Ultraschallgerät.
Das tut nicht weh
und ist ganz ungefährlich.

Frau Dr. Sommer hat Pünktchen
vom Bildschirm abfotografiert.
Das Foto dürfen sie behalten.
Danach werden die Herztöne
von Pünktchen abgehört.
Mama wird noch in den Finger gepikt.
Ein Tropfen Blut wird untersucht.
Es ist alles in Ordnung.

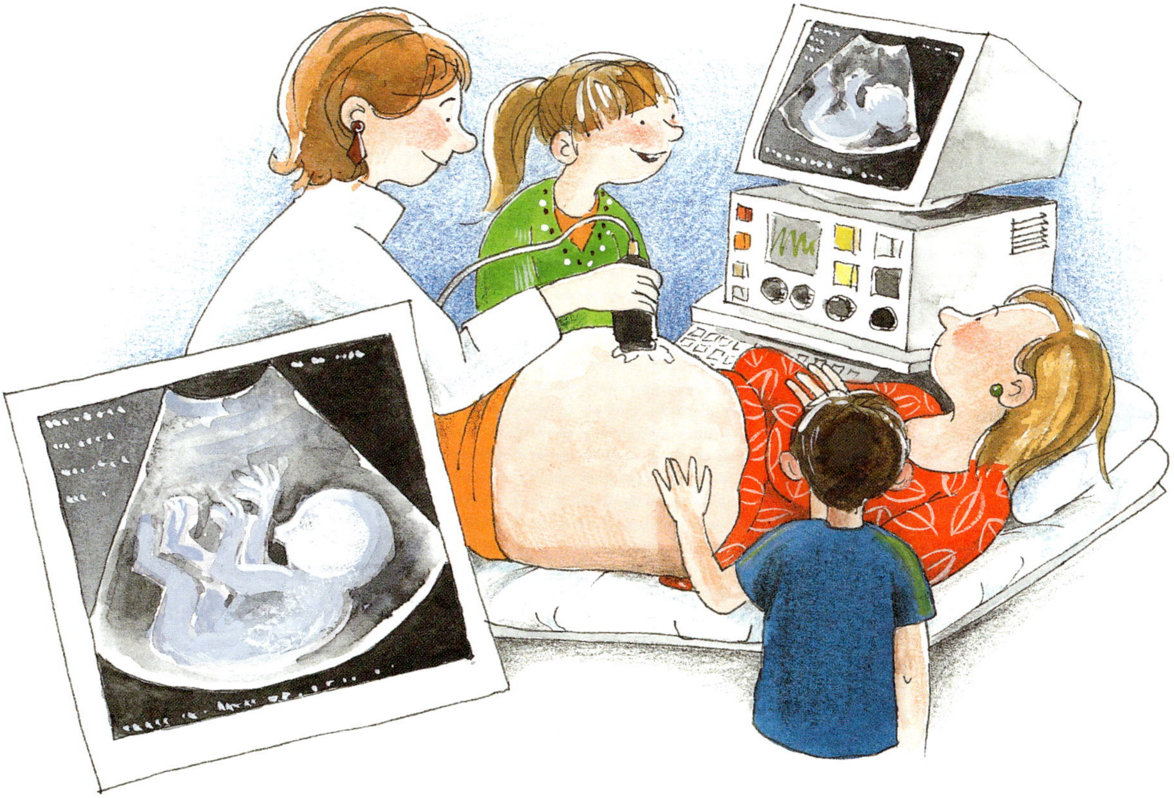

Die letzten drei Monate

In den nächsten Monaten
wächst das Baby weiter,
bis es ganz eng im Bauch wird.
Im siebten Monat kann das Baby
in der Gebärmutter
schon am Daumen lutschen.
Manche Babys werden sogar
mit einer Saugstelle
am Daumen geboren.

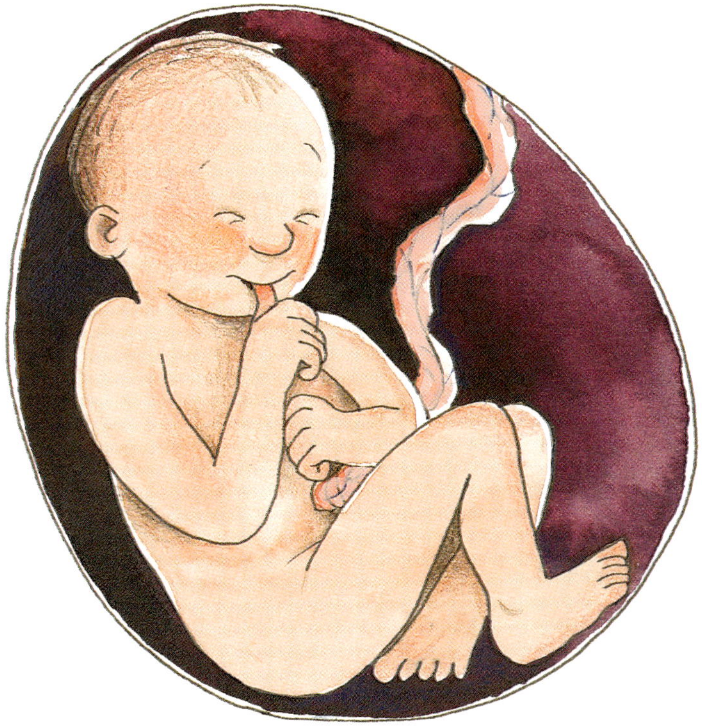

Manchmal kommt ein Baby
schon im siebten Monat zur Welt.
Das ist eine Frühgeburt.
Dann sind seine Lungen
noch nicht richtig entwickelt.
Es bekommt nicht genug Luft.
Das Baby ist noch sehr zart
und kann sehr leicht krank werden.
Dann muss es in den Brutkasten.
Der Arzt prüft ständig Herzschlag,
Atmung und Temperatur.

Pünktchen kommt zur Welt

Es ist Dezember.
Dicke Schneeflocken fallen vom Himmel.
»Immer dreht sich nur alles ums Baby!«,
knurrt Bastian.
»Dieses doofe Baby macht
mich noch total verrückt!«
Mascha verdreht die Augen:
»Das bist du auch ohne das Baby.«
Der Opa setzt sich zu Bastian.
»Als du zur Welt gekommen bist,
war es noch viel schlimmer!«,
sagt er.

Plötzlich steht Mama in der Tür.
Sie hält sich ihren dicken Bauch.
»Ich glaube, Pünktchen will raus.
Mit solchen Wehen
ging´s bei euch auch los.«
Bastian springt auf.
»Ich will mit!
Schließlich ist Pünktchen ja mein Bruder!«

Der Vater schüttelt energisch den Kopf.
»Kinder dürfen nicht
bei der Geburt dabei sein.
Aber ich rufe euch regelmäßig an.
Opa ist ja bei euch.«

Mascha, Bastian und Opa
sitzen zusammen auf dem Sofa.
»Du, Opa, was sind denn Wehen?«,
fragt Mascha nachdenklich.
Opa streicht Mascha über den Kopf.
»Da zieht sich die Gebärmutter zusammen,
weil das Baby raus will.
Und das tut weh.
Aber beim dritten Baby
dauert es nicht mehr so lange.«
Bastian schaut Opa an.
»Und wie kommt so ´n dickes Baby
durch die enge Scheide?«

»Die Scheide kann sich
ganz weit dehnen.
Wie ein breites Gummiband,
das man auseinander zieht.
Aber die Scheide
ist trotzdem noch eng.
Beide brauchen viel Kraft:
die Mama und das Baby.«
Mascha schüttelt den Kopf.

»Wieso die Mama?
Was macht sie denn dabei?«
Der Opa lächelt Mascha an:
»Die Mama
muss ganz stark pressen.
Als würde sie auf dem Klo sitzen.
Dadurch schiebt sie
Pünktchen nach draußen.«

Endlich läutet das Telefon.
Mascha, Bastian und Opa
laufen schnell zum Apparat.
»Was?«, fragt Opa und strahlt.
»Was ist denn los? Sag doch was!«,
drängeln Mascha und Bastian.
»Pünktchen ist ein Junge!
Und kerngesund!«,
ruft Opa überglücklich.
Bastian springt hoch in die Luft.
»Ich hab´s ja gewusst! Ein Bruder!«
Mascha seufzt: »Mal abwarten!
Vielleicht sieht er mir ja ähnlich.«

Abends kommt Papa endlich zurück.
Er erzählt genau,
wie Pünktchen geboren wurde:
»Die Hebamme
horchte Pünktchens Herztöne ab.
Plötzlich platzte die Fruchtblase.
Das Fruchtwasser lief
zwischen Mamas Beinen heraus.
Langsam schob sich ein Köpfchen
aus Mamas Scheide heraus.
Ich hielt ihre Hand ganz fest.
Sie presste noch einmal,
mit aller Kraft,
und Pünktchen war geboren.«

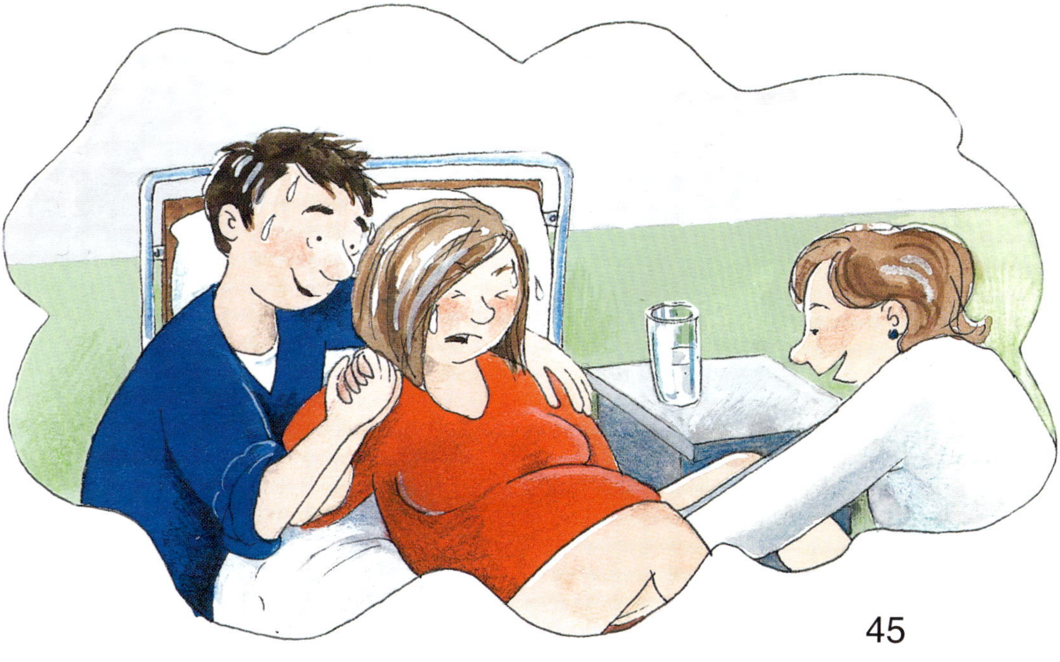

Am nächsten Tag besuchen sie
Mama und Pünktchen
in der Entbindungsstation.
Durch eine Fensterscheibe können sie
viele neugeborene Babys sehen.
Aber Pünktchen
liegt bei Mama im Zimmer.
Es schläft.
»Was er für winzige Finger hat«,
wispert Mascha.
»Er stinkt ja gar nicht«,
flüstert Bastian.

Plötzlich öffnet Pünktchen die Augen.
Bastian sagt ganz leise zu ihm:
»Ich bin´s, Bastian!
Dein großer Bruder!«
Mascha schiebt ihren Zeigefinger
in Pünktchens Hand.
Er greift ganz fest zu.
»Pünktchen mag mich«,
strahlt Mascha.
»Aber mir sieht er am ähnlichsten!«,
sagt Opa und streicht sich
über seinen kahlen Kopf.
Pünktchen hat nämlich auch
sehr wenig Haare.
Mama und Papa geben sich
einen Kuss.
Jetzt sind sie eine richtig
große Familie.